AF450041

PAPA FRANCISCO

SANAR EL MUNDO

Catequesis sobre la pandemia

Prefacio del
Cardenal Peter Kodwo Turkson

Prefacio

La ocasión

Entre el 21 y 26 de marzo del 2020, Italia sufría su peor momento en relación a la pandemia del Covid-19. El 27 de marzo el Papa Francisco, desafiando la lluvia, subió sólo las escaleras del atrio de la Basílica de San Pedro para presidir un momento especial de oración y pedir por el fin de una infección convertida en pandemia mundial. Nos recordó al *siervo sufriente de la profecía de Isaías* (Is 52:13-53:12), cargando con la desesperación, el dolor y el desconcierto de la humanidad; afligido y aterrorizado por un virus del que sabía muy poco y no se conocía remedio. Expresó la ansiedad colectiva del mundo de esta manera: *"La tempestad desenmascara nuestra vulnerabilidad y deja al descubierto esas falsas y superfluas seguridades con las que habíamos construido nuestras agendas, nuestros proyectos, rutinas y prioridades"*.[1]

Rezando en el atrio, el Papa Francisco reflejó además la imagen del *sumo sacerdote* (Heb 5:1), quien representa a la familia humana

---

[1] Papa Francisco, *Momento extraordinario de oración*, 27 de marzo de 2020.

ante Dios, y que no sólo presenta el dolor y la angustia del pueblo ante Él, sino que también pide por la curación y el consuelo. Dios, *"Padre de las misericordias y Dios de todo consuelo"* lo consoló en el dolor, para que él mismo pudiera *"consolar a los que están en cualquier clase de aflicción"* (cf. 2*Cor* 1,3-4). Las *catequesis* que siguen representan el servicio del Papa Francisco a la humanidad, como fuente de *consuelo* y *consejo* que señala los caminos a seguir en estos difíciles tiempos de Covid-19.

Durante los pontificados del Papa Francisco y de su predecesor, el Papa Benedicto XVI, nuestro mundo enfrentó y sigue enfrentándose a tormentas provocadas por tres crisis: la crisis financiera de 2008-2009 durante el pontificado del Papa Benedicto XVI, y las actuales crisis gemelas del cambio climático y del Covid-19. Las crisis son momentos determinantes que traen consigo desafíos, pero también oportunidades. Por lo tanto, el Papa Francisco nos exhorta a no salir de la crisis de la misma manera en la que entramos. ¡Nos anima a *"regenerarnos"* y a *"preparar el futuro"*! Y si nos preguntamos qué podemos hacer frente a una crisis como la del virus y cómo podemos *preparar el futuro*, las palabras del Papa Benedicto XVI nos dan una dirección; sobre la crisis financiera de 2008 dijo lo siguiente: *"La crisis nos obliga a revisar nuestro camino, a darnos nuevas reglas y a encontrar nuevas formas de compromiso, a apoyarnos en las experiencias positivas y a rechazar las negativas. De este modo, la crisis se convierte en ocasión de discernir y proyectar de un modo nuevo. Conviene afrontar las dificultades del presente en esta clave, de manera confiada más que resignada"*.[2]

Sanar el mundo

En sus *catequesis*, pronunciadas en las audiencias públicas de los miércoles durante los meses de agosto y septiembre del 2020, el Papa Francisco quiso dirigirse a la Iglesia y al mundo con palabras de consuelo, proponiendo alternativas inspiradoras a nuestros antiguos estilos de vida, hábitos y estructuras sociales que la pandemia ha revelado como carentes de justicia, insostenibles y requiriendo de reformas drásticas para preservar el valor central de la persona humana. La *normalidad* a la que el Papa quisiera que aspiremos como discípulos misioneros, es la del Reino de Dios de justicia, paz e igualdad entre hermanas y hermanos que tienen a un Dios como Padre;

---

[2] Papa Benedicto XVI, *Caritas in Veritate* [CV], 21 (enfasis añadida).

la cual debemos anticipar en la tierra a través de nuestras acciones, políticas y decisiones.

Por lo tanto, para configurar un mundo más justo, inclusivo y sostenible que pueda ayudarnos a superar la embestida que es la pandemia de Covid-19, el Papa nos invita a unirnos a él en un nuevo *viaje*. Es una *peregrinación* inspirada en el Evangelio de Cristo, nuestro salvador y sanador, que tiene como faro las virtudes teologales: fe, esperanza y caridad. Es decir, la *certeza de nuestra fe* en Dios Creador de todas las cosas y Señor de la historia, la *ofrenda generosa del amor de Dios* en Cristo y *la certeza de la esperanza en sus promesas*. Por lo tanto, se trata también una *peregrinación* de vida en la Iglesia, como la "Caridad de Cristo", que ilumina nuestras conductas, acciones y decisiones en las esferas económicas, políticas, ecológicas y sanitarias, y cuya aplicación a las problemáticas de la vida a lo largo de los años, en diálogo con las ciencias humanas y las sabidurías tradicionales, ha generado los *"Principios de la Doctrina Social de la Iglesia"*.[3]

Siguiendo el modelo "ver, juzgar y actuar", popularizado por el Cardenal Cardijn, cada *catequesis* comienza destacando un tema

____

[3] *Compendio de la Doctrina Social de la Iglesia* [*CDSI*], Cap. 4.

actual, seguido por un exposé (*ver*). Luego, haciendo referencia a las Escrituras (atributos del Reino de Dios y/o las virtudes de *fe, esperanza y caridad*), se aborda el significado del tema (*juzgar*). Finalmente, basándose en los principios de la Doctrina Social de la Iglesia, presenta algunas aplicaciones prácticas al tema. Una invitación a la acción u oración de intercesión concluye las *catequesis*.

El Papa nos exhorta a todos a emprender juntos el camino de la sanación para un mundo afligido por el Covid-19, y a discernir el futuro. La actual experiencia que la familia humana enfrenta con la pandemia no es simplemente local, nacional o regional. Es una pandemia global que pone al descubierto la fragilidad de la existencia humana y, de esta manera, evoca nuestro sentido de interdependencia e interrelación. Discernir el camino de la sanación para recuperarnos de esta pandemia ciertamente no es tarea para *"llaneros solitarios"*. Se trata de un proyecto global que no admite individualismos, ya sean personales o colectivos, expresados en forma de nacionalismos políticos o intereses económicos. Nuestros esfuerzos globales tampoco pueden admitir nuestra indiferencia, ni que seamos meros espectadores. Saldremos de la crisis como mejores seres humanos viviendo en sociedades más sanas con un *proyecto colectivo,* en *comunión,* con especial atención a los más débiles, a los pobres y a la creación.

La Catequesis

La *catequesis* introductoria presenta a Jesús como sanador y apóstol de nuestra fe (cf. *Heb* 3:1). La sanación de Jesús revela el Reino de Dios, inaugurando un tiempo de gracia cuyos primeros signos son los dones espirituales de la *fe*, la *esperanza* y la *caridad*. Estos dones espirituales nos disponen para recibir el consuelo y la sanación de Dios. Además, nos equipan para llevar consuelo y curación a los afligidos (cf. 2*Cor* 1:3-5), convirtiéndonos en agentes de transformación de las "*raíces de nuestras enfermedades físicas, espirituales y sociales*" y en constructores de una *civilización del amor*.

La segunda *catequesis* inicia con la observación de cómo la pandemia ha revelado una humanidad vulnerable pero interconectada; una ocasión para sanar y para cuidar a los pobres y a la tierra. Nuestras vulnerabilidades personales se reflejan también en enfermedades sociales que deben curarse, particularmente, en la falta de aprecio por el valor y el carácter de la persona humana en momentos de crisis. Con la mirada fija en Jesús, aprendemos que así como su muerte en la cruz no impidió que el centurión lo reconociera como *"hijo de Dios"* (*Mc* 15, 39), así también la fragilidad de la condición humana en estos tiempos no puede nublar nuestra visión del esplendor de la naturaleza humana y su vocación. La persona humana no sólo es un *ser relacional*. Creer en Dios Padre que ama a los hombres y mujeres con un amor infinito, significa también darse cuenta que Dios *"le confiere una dignidad infinita"*.[4] La dignidad, como don supremo de la persona humana, nos hace a todos *comunes*: *hermanos y hermanas* (adelphoi = a-delphoi) del mismo vientre y, por lo tanto, iguales en dignidad. Ni el Covid-19 ni las políticas del Estado pueden disminuir la dignidad del individuo, y nadie puede ser tratado con desprecio ni se le puede negar la asistencia sanitaria. Además, es el momento de reconocer el valor de todos los trabajadores de la salud que arriesgan sus vidas para mantener alto el valor de la vida y la dignidad de los demás.

Continuando con el tema de la sanación de las relaciones humanas, la tercera *catequesis* aborda la cura de una gran enfermedad social expuesta por la pandemia: la "injusti-

---

[4] PAPA FRANCISCO, *Evangelii Gaudium* [*EG*], 178.

cia social". Esto se manifiesta en diversas formas de *desigualdad, marginación, discriminación*, etc. Tal enfermedad es una ocasión para aplicar el principio de la *"opción preferencial por los pobres"*. De hecho, este principio es un imperativo evangélico, según el cual todos *"están llamados a ser instrumentos de Dios para la liberación y promoción de los pobres, de modo que puedan integrarse plenamente en la sociedad"*.[5] Es cierto que la pobreza puede ser una profunda actitud espiritual ante el Dios del amor, de quien recibimos todo como un regalo. Sin embargo, cuando una pandemia o cualquier otra condición social hiere la dignidad, haciendo que el individuo sea menos libre y menos humano, y por lo tanto pobre, es necesario evitar y resistir esta pobreza, junto con la misma pandemia y las demás *"pandemias sociales"*. La vuelta a la "normalidad" debe incluir la curación de tales *pandemias sociales* y del Covid-19. Jesús, que se hizo pobre, haciéndose siervo de todos, dejó a sus discípulos un ejemplo y una herencia de *servicio y amor*: "debéis lavaros los pies los unos a los otros" (*Jn* 13,14). ¡Así es como se curan las epidemias de injusticia social!

---

[5] *EG,* 187.

El *servicio impregnando del amor* genera *esperanza* en la cura de las graves desigualdades descubiertas por la pandemia. La cuarta *catequesis*, por lo tanto, ofrece la oportunidad para sanar estas injusticias a través del *principio del destino universal de los bienes*. Como fruto de un crecimiento económico injusto que ignora la importancia primaria de la persona, su dignidad y bienestar en cualquier actividad, así como el bienestar de la *casa común*, la desigualdad de cualquier tipo es contraria al diseño de Dios en la creación. Pero cuando *"cultivar y cuidar"* (*Gn* 2:15) se convierten en un servicio de amor (gestión/cuidado/administración = *oikonomia*) a la tierra, sus productos son compartidos y están destinados a servir al bien de todos (cf. *Hechos* 4:32-35). Esto incluye a las generaciones actuales, las futuras y la misma Tierra.

La quinta *catequesis* presenta la ocasión para curar nuestros quebrantos a través de la conversión de nuestra pertenencia natural e interrelacionada, en la virtud de la *solidaridad* en Cristo.[6] Toda persona creada por Dios, amada y salvada en Cristo, se plenifica creando una red de múltiples relaciones de amor,

---

[6] Cfr. San Juan Pablo II, *Sollicitudo Rei Socialis* [*SRS*], 38-40.

justicia y solidaridad con otras personas.[7] En tiempos de Covid-19, esta dimensión de nuestra naturaleza, como seres relacionales que viven en una red viva de relaciones para apoyarse y ayudarse mutuamente, se revela en su fragilidad. Cada día oímos hablar de los pobres que más sufren, de minorías que mueren en ciertas regiones, de la apropiación de la tecnología y de las vacunas por parte de ciertos países. Hemos sido egoístas, individualistas e indiferentes, ¡y no nos hemos cuidado lo suficiente! La solidaridad *"supone crear una nueva mentalidad que piense en términos de comunidad, de prioridad de la vida de todos sobre la apropiación de los bienes por parte de algunos"*.[8]

La sexta *catequesis* habla de cómo sanar al mundo de los sentimientos negativos a nivel personal, social y político, sentimientos de competencia vana, rivalidad, odio, falta de cooperación, indiferencia e individualismo, a través la cultivación de una *civilización del amor* que promueva el *bien común* en todo nivel. El amor, tal como la luz, es considerado el primer acto de la creación de Dios. El amor a Dios y al prójimo, es la plena realización de la promesa de Dios a su pueblo, y Jesús lo hace

---

[7] *CDSI*, 4; 35.
[8] *EG*, 188.

el sello de sus seguidores. En efecto, en las *Bienaventuranzas* (*Lc* 6, 27-36), Jesús enseña a sus discípulos a poner a los demás primero; por amor. Este amor desarma el fanatismo, la competencia, la rivalidad, el odio y la disidencia, sentimientos que militan en contra de la búsqueda del bien común, entendido como "la garantía del bien personal, familiar y asociativo".[9] Y puesto que *"todo cristiano está llamado a esta caridad, según su vocación y sus posibilidades de incidir en la pólis"*,[10] nadie está exento de aspirar y contribuir al *bien común*.

Las *catequesis* anteriores se han ocupado principalmente de nuestra relación con Dios y con los demás seres humanos (nuestras conductas, la sociedad, las estructuras e instituciones). La séptima *catequesis* se enfoca en la oportunidad para sanar nuestras relaciones con la creación a través de la contemplación. De hecho, la primera tarea que se le da a la persona humana en el momento de la creación es la de *"cultivar y cuidar"* la casa- jardín. El *"cultivar"* permite a la persona alimentarse. Pero *"cuidar"* asegura que el jardín de la casa siga siendo un jardín: un lugar de atención y cuidado. *"Cuidar"* entonces implica una responsabilidad

---

[9] *CDSI*, 61.
[10] *CV*, 7.

para con la casa-jardín (la creación) que no ha sido fácil de mantener. La violencia presente en el corazón humano refleja esta dificultad;[11] y el tratamiento humano de la creación ha sido descrito como un "*pecado*".[12] Para sanar esta relación y permitir que la persona y la sociedad cumplan con sus responsabilidades para con la creación, la *catequesis* invita a la *contemplación*: a reconocer, por lo tanto, al creador de todas las cosas (cf. *Sal* 19), su designio para todas las cosas, y su entrega de todas las cosas a la persona humana como un regalo; y ¡agradecer, alegrarse y celebrar!

Para que la cura de nuestro mundo, afligido por el Covid-19, sea completa y saludable, todos debemos involucrarnos. La octava *catequesis* enfatiza la ocasión de la gran urgencia y necesidad de ayudar a todos a contribuir, adueñarse y sentirse responsables del proceso de sanación. Si la solidaridad significa que sanar el mundo tiene que ser un esfuerzo colectivo — todos actuando juntos para curar el mundo — entonces la subsidiaridad reconoce que en ciertos casos, hay que ayudar (proveer asistencia = subsidium) a las personas y faci-

---

[11] Papa Francisco, *Laudato si' – Sobre el Cuidado de la Casa Común* [LS], 2.
[12] *Ibid.*, 8.

litarles su participación y contribución a este esfuerzo colectivo. Cuando el Estado es el que ayuda a las personas a realizar su aporte, el Estado simplemente los apoya para que sean protagonistas de sus deberes y responsabilidades hacia la sanación de nuestro mundo, sus instituciones y estructuras: en resumen, hacia diseñar un mundo mejor.

La *catequesis* final concluye las indicaciones para sanar un mundo duramente golpeado por el Covid-19, anunciando un nuevo *camino* para un nuevo futuro, con los ojos siempre fijos en Jesús, nuestro sanador. La curación de Jesús es completa y da plenitud. No hay ningún aspecto de la persona o parte de la vida que permanezca sin cambios. Y ahora Jesús nos envía a hacer lo mismo: curar a las víctimas del Covid-19 y curar a nuestra sociedad de todo lo que la hace menos humana. El Dios que nos consuela en el dolor, nos envía ahora a consolar a los que están en cualquier situación de dolor (cf. *2Cor* 13-5), y nos envía en su Espíritu ¡para renovar la faz de la tierra!

Cardenal Peter Kodwo Turkson

Prefecto del Dicasterio para el
Servicio del Desarrollo Humano Integral

SANAR EL MUNDO

Catequesis sobre la pandemia

Introducción

Queridos hermanos y hermanas, ¡buenos días!

La pandemia sigue causando heridas profundas, desenmascarando nuestras vulnerabilidades. Son muchos los difuntos, muchísimos los enfermos, en todos los continentes. Muchas personas y muchas familias viven un tiempo de incertidumbre, a causa de los problemas socio-económicos, que afectan especialmente a los más pobres.

Por eso debemos tener bien fija nuestra mirada en Jesús (cfr. *Hb* 12, 2) y con esta fe abrazar la esperanza del Reino de Dios que Jesús mismo nos da (cfr. *Mc* 1,5; *Mt* 4,17).[1] Un Reino de sanación y de salvación que está ya presente en medio de nosotros (cfr. *Lc* 10,11). Un Reino de justicia y de paz que se manifiesta con obras de caridad, que a su vez aumentan la esperanza y refuerzan la fe (cfr. *1 Cor* 13,13). En la tradición cristiana, la fe, la esperanza y la caridad son mucho más que sentimientos o actitudes. Son virtudes infun-

---

[1] *Catecismo de la Iglesia Católica* [CIC], 2816.

didas en nosotros por la gracia del Espíritu Santo:[2] dones que nos sanan y que nos hacen sanadores, dones que nos abren a nuevos horizontes, también mientras navegamos en las difíciles aguas de nuestro tiempo.

Un nuevo encuentro con el Evangelio de la fe, de la esperanza y del amor nos invita a asumir un espíritu creativo y renovado. De esta manera, seremos capaces de transformar las raíces de nuestras enfermedades físicas, espirituales y sociales. Podremos sanar en profundidad las estructuras injustas y sus prácticas destructivas que nos separan los unos de los otros, amenazando la familia humana y nuestro planeta.

El ministerio de Jesús ofrece muchos ejemplos de sanación. Cuando sana a aquellos que tienen fiebre (cfr. *Mc* 1,29-34), lepra (cfr. *Mc* 1,40-45), parálisis (cfr. *Mc* 2,1-12); cuando devuelve la vista (cfr. *Mc* 8,22-26; *Jn* 9,1-7), el habla o el oído (cfr. *Mc* 7,31-37), en realidad sana no solo un mal físico, sino toda la persona. De tal manera la lleva también a la comunidad, sanada; la libera de su aislamiento porque la ha sanado.

Pensemos en el bellísimo pasaje de la sanación del paralítico de Cafarnaúm (cfr. *Mc*

---

[2] Cfr. *ibid.*, 1812-1813.

2,1-12), que hemos escuchado al principio de la audiencia. Mientras Jesús está predicando en la entrada de la casa, cuatro hombres llevan a su amigo paralítico donde Jesús; y como no podían entrar, porque había una gran multitud, hacen un agujero en el techo y descuelgan la camilla delante de él que está predicando. « Viendo Jesús la fe de ellos, dice al paralítico: Hijo, tus pecados te son perdonados » (v. 5). Y después, como signo visible, añade: « Levántate, toma tu camilla y vete a tu casa » (v. 11).

¡Qué maravilloso ejemplo de sanación! La acción de Cristo es una respuesta directa a la fe de esas personas, a la esperanza que depositan en Él, al amor que demuestran tener los unos por los otros. Y por tanto Jesús sana, pero no sana simplemente la parálisis, sana todo, perdona los pecados, renueva la vida del paralítico y de sus amigos. Hace nacer de nuevo, digamos así. Una sanación física y espiritual, todo junto, fruto de un encuentro personal y social. Imaginamos cómo esta amistad, y la fe de todos los presentes en esa casa, hayan crecido gracias al gesto de Jesús. ¡El encuentro sanador con Jesús!

Y entonces nos preguntamos: ¿de qué modo podemos ayudar a sanar nuestro mundo, hoy? Como discípulos del Señor

Jesús, que es médico de las almas y de los cuerpos, estamos llamados a continuar «su obra de curación y de salvación»[3] en sentido físico, social y espiritual.

La Iglesia, aunque administre la gracia sanadora de Cristo mediante los Sacramentos, y aunque proporcione servicios sanitarios en los rincones más remotos del planeta, no es experta en la prevención o en el cuidado de la pandemia. Y tampoco da indicaciones socio-políticas específicas.[4] Esta es tarea de los dirigentes políticos y sociales. Sin embargo, a lo largo de los siglos, y a la luz del Evangelio, la Iglesia ha desarrollado algunos principios sociales que son fundamentales,[5] principios que pueden ayudarnos a ir adelante, para preparar el futuro que necesitamos. Cito los principales, entre ellos estrechamente relacionados entre sí: el principio de la dignidad de la persona, el principio del bien común, el principio de la opción preferencial por los pobres, el principio de la destinación universal de los bienes, el principio de la solidaridad, de la

---

[3] *Ibid.*, 1421.

[4] Cfr. S. PABLO VI, Cart. ap. *Octogesima adveniens* [*OA*], 14 de mayo 1971, 4.

[5] Cfr *Compendio de la Doctrina Social de la Iglesia* [*CDSC*], 160-208.

subsidiariedad, el principio del cuidado de nuestra casa común. Estos principios ayudan a los dirigentes, los responsables de la sociedad, a llevar adelante el crecimiento y también, como en este caso de pandemia, la sanación del tejido personal y social. Todos estos principios expresan, de formas diferentes, las virtudes de la fe, de la esperanza y del amor.

En las próximas semanas, os invito a afrontar juntos las cuestiones apremiantes que la pandemia ha puesto de relieve, sobre todo las enfermedades sociales. Y lo haremos a la luz del Evangelio, de las virtudes teologales y de los principios de la Doctrina Social de la Iglesia. Exploraremos juntos cómo nuestra tradición social católica puede ayudar a la familia humana a sanar este mundo que sufre de graves enfermedades. Es mi deseo reflexionar y trabajar todos juntos, como seguidores de Jesús que sana, para construir un mundo mejor, lleno de esperanza para las generaciones futuras.[6]

Audiencia general, 5 de agosto de 2020, Biblioteca del Palacio Apostólico

---

[6] Cfr. *EG*, 183.

Notas para responsables de grupos y catequistas

Estas preguntas están diseñadas para guiar la reflexión, tanto personal como grupal — parroquial, de catecismo, ecuménico, de voluntariado o cualquier grupo de personas de buena voluntad que se preocupan por el destino de la humanidad y nuestra casa común. En este último caso, según las medidas de seguridad de COVID vigentes en su área, pueden mantener la reflexión tanto en persona como virtual. Sugerimos pedir a cada miembro del grupo que lea la catequesis semanal antes de reunirse, o que vea el video, para que tenga tiempo de pensar antes. También se pueden dar las preguntas por adelantado para reflexionar. No es necesario responder a todas las preguntas: dependerá de cuánto tiempo tengan y de lo que les parezca más importante. Al principio de la sesión, dejen un tiempo para la oración, y concluyan las reflexiones con otra oración.

Reflexiones para la Catequesis

1. ¿Qué palabra o frase te ha llamado más la atención al leer este texto?

2. ¿Qué signos de esperanza puedes ver en tu vida y en la vida de tu comunidad en este momento? ¿Dónde ves la compasión y el cuidado en acción?

3. ¿Qué desafíos crees que tu comunidad está enfrentando en este momento?

4. El Papa Francisco sugiere que el mundo necesita sanación. ¿De qué manera tú, tu familia, tus amigos y tu comunidad podrían ayudar a sanar nuestro mundo? Piensa en una o dos ideas concretas.

5. El Papa Francisco enumera una serie de principios clave: el principio de la dignidad de la persona, el principio del bien común, el principio de la opción preferencial por los pobres, el principio del destino universal de los bienes, el principio de la solidaridad, de la subsidiariedad, el principio del cuidado de nuestra casa común. ¿Cuál de estos principios te resulta más familiar? ¿Sobre cuáles quisieras saber más?

6. ¿Qué cambios pueden ayudar a lograr un mundo mejor? Por ejemplo, ¿más respeto por la naturaleza; menos daños ambientales; mejores empleos para todos; un ingreso básico universal para todos?

7. ¿Qué significa, para nuestra actitud hacia los demás, darse cuenta de que todos somos miembros de una familia humana?

Fe y dignidad humana

Queridos hermanos y hermanas, ¡buenos días!

La pandemia ha puesto de relieve lo vulnerables e interconectados que estamos todos. Si no cuidamos el uno del otro, empezando por los últimos, por los que están más afectados, incluso de la creación, no podemos sanar el mundo.

Es loable el compromiso de tantas personas que en estos meses están demostrando el amor humano y cristiano hacia el prójimo, dedicándose a los enfermos poniendo también en riesgo su propia salud. ¡Son héroes! Sin embargo, el coronavirus no es la única enfermedad que hay que combatir, sino que la pandemia ha sacado a la luz patologías sociales más amplias. Una de estas es la visión distorsionada de la persona, una mirada que ignora su dignidad y su carácter relacional. A veces miramos a los otros como objetos, para usar y descartar. En realidad, este tipo de mirada ciega y fomenta una cultura del descarte individualista y agresiva, que transforma el ser humano en un bien de consumo.[1]

A la luz de la fe sabemos, sin embargo, que Dios mira al hombre y a la mujer de otra manera. Él nos ha creado no como objetos, sino como personas amadas y capaces de amar; nos ha creado a su imagen y semejanza (cfr. *Gen* 1, 27). De esta manera nos ha donado una dignidad única, invitándonos a vivir en comunión con Él, en comunión con nuestras hermanas y nuestros hermanos, en el respeto de toda la creación. En comunión, en armonía, podemos decir. La creación es una armonía en la que estamos llamados a vivir. Y en esta comunión, en esta armonía que es comunión, Dios nos dona la capacidad de procrear y de custodiar la vida (cfr. *Gen* 1, 28-29), de trabajar y cuidar la tierra (cfr. *Gen* 2,15).[2] Se entiende que no se puede procrear y custodiar la vida sin armonía; será destruida.

De esa mirada individualista, la que no es armonía, tenemos un ejemplo en los Evangelios, en la petición que la madre de Santiago y Juan hace a Jesús (cfr. *Mt* 20, 20-28). Ella quiere que sus hijos puedan sentarse a la derecha y a la izquierda del nuevo rey. Pero Je-

---

[1] Cfr. *EG*, 53; Enc. *Laudato si'* [*LS*], 22.
[2] *LS*, 67.

sús propone otro tipo de visión: la del servicio y del dar la vida por los otros, y la confirma devolviendo inmediatamente después la vista a dos ciegos y haciéndoles sus discípulos (cfr. *Mt* 20, 29-34). Tratar de trepar en la vida, de ser superiores a los otros, destruye la armonía. Es la lógica del dominio, de dominar a los otros. La armonía es otra cosa: es el servicio.

Pidamos, por tanto, al Señor que nos dé ojos atentos a los hermanos y a las hermanas, especialmente a aquellos que sufren. Como discípulos de Jesús no queremos ser indiferentes ni individualistas, estas son las dos actitudes malas contra la armonía. Indiferente: yo miro a otro lado. Individualistas: mirar solamente el propio interés. La armonía creada por Dios nos pide mirar a los otros, las necesidades de los otros, los problemas de los otros, estar en comunión. Queremos reconocer la dignidad humana en cada persona, cualquiera que sea su raza, lengua o condición. La armonía te lleva a reconocer la dignidad humana, esa armonía creada por Dios, con el hombre en el centro.

El Concilio Vaticano II subraya que esta dignidad es inalienable, porque «ha sido creada a imagen de Dios».[3] Es el fundamento de toda la vida social y determina los principios operativos. En la cultura moderna, la referencia más cercana al principio de la dignidad inalienable de la persona es la Declaración Universal de los Derechos del Hombre, que San Juan Pablo II definió «piedra miliar puesta en el largo y difícil camino del género humano»,[4] y como «una de las más altas expresiones de la conciencia humana».[5] Los derechos no son solo individuales, sino también sociales; son de los pueblos, de las naciones.[6] El ser humano, de hecho, en su dignidad personal, es un ser social, creado a imagen de Dios Uno y Trino. Nosotros somos seres sociales, necesitamos vivir en esta armonía social, pero cuando hay egoísmo, nuestra mirada no va a los otros, a la comunidad, sino que vuelve sobre nosotros mismos y esto nos hace feos, malos, egoístas, destruyendo la armonía.

Esta renovada conciencia de la dignidad de todo ser humano tiene serias implicaciones sociales, económicas y políticas. Mirar al her-

---

[3] Const. past. *Gaudium et spes* [GS], 12.

[4] *Discurso a la Asamblea General de las Naciones Unidas* (2 de octubre de 1979), 7.

[5] *Discurso a la Asamblea General de las Naciones Unidas* (5 de octubre de 1995), 2.

[6] Cfr. *CDSC*, 157.

mano y a toda la creación como don recibido por el amor del Padre suscita un comportamiento de atención, de cuidado y de estupor. Así el creyente, contemplando al prójimo como un hermano y no como un extraño, lo mira con compasión y empatía, no con desprecio o enemistad. Y contemplando el mundo a la luz de la fe, se esfuerza por desarrollar, con la ayuda de la gracia, su creatividad y su entusiasmo para resolver los dramas de la historia. Concibe y desarrolla sus capacidades como responsabilidades que brotan de su fe,[7] como dones de Dios para poner al servicio de la humanidad y de la creación.

Mientras todos nosotros trabajamos por la cura de un virus que golpea a todos indistintamente, la fe nos exhorta a comprometernos seria y activamente para contrarrestar la indiferencia delante de las violaciones de la dignidad humana. Esta cultura de la indiferencia que acompaña la cultura del descarte: las cosas que no me tocan no me interesan. La fe siempre exige que nos dejemos sanar y convertir de nuestro individualismo, tanto personal como colectivo; un individualismo de partido, por ejemplo.

____

[7] *Ibid.*

Que el Señor pueda "devolvernos la vista" para redescubrir qué significa ser miembros de la familia humana. Y que esta mirada pueda traducirse en acciones concretas de compasión y respeto para cada persona y de cuidado y custodia para nuestra casa común.

Audiencia general, 12 de agosto de 2020, Biblioteca del Palacio Apostólico

Reflexiones para la Catequesis

1. ¿Qué palabra o frase te ha llamado más la atención al leer este texto?

2. ¿Conoces a alguien a quien describirías como un héroe? Alguien que ha hecho de todo para ayudar a otros durante esta pandemia? ¿Qué es lo que hicieron?

3. ¿Cómo describirías la diferencia entre una cultura individualista y una cultura de comunidad? ¿Podrías dar un ejemplo?

4. ¿Qué tendría que cambiar antes de que pudiéramos vivir de una manera que respete la dignidad de la creación? ¿Qué cambios podrías hacer en tu propia vida que redujeran la destrucción cotidiana del medio ambiente?

5. ¿Qué grupos de personas en tu país sufren discriminación y prejuicios? Por ejemplo, ¿cómo se trata a los refugiados? ¿A la gente sin hogar? ¿Cómo podemos seguir mejor el ejemplo de Jesús en la forma en que tratamos a los demás?

6. ¿Quién es tu prójimo? ¿Cómo puedes responder mejor a las palabras del Papa Francisco y aumentar la armonía en tu propio vecindario?

7. ¿Qué medidas concretas podrían adoptar como comunidad para mostrar compasión hacia los necesitados, tanto a nivel local como mundial? ¿Y qué podrías hacer tú para mostrar tu cuidado por nuestra casa común, la tierra?

La opción preferencial por los pobres y la virtud de la caridad

Queridos hermanos y hermanas, ¡buenos días!

La pandemia ha dejado al descubierto la difícil situación de los pobres y la gran desigualdad que reina en el mundo. Y el virus, si bien no hace excepciones entre las personas, ha encontrado, en su camino devastador, grandes desigualdades y discriminación. ¡Y las ha incrementado!

Por tanto, la respuesta a la pandemia es doble. Por un lado, es indispensable encontrar la cura para un virus pequeño pero terrible, que pone de rodillas a todo el mundo. Por el otro, tenemos que curar un gran virus, el de la injusticia social, de la desigualdad de oportunidades, de la marginación y de la falta de protección de los más débiles. En esta doble respuesta de sanación hay una elección que, según el Evangelio, no puede faltar: es la opción preferencial por los pobres.[1] Y esta no es una opción política; ni tampoco una opción

---

[1] Cfr. *EG*, 195.

ideológica, una opción de partidos. La opción preferencial por los pobres está en el centro del Evangelio. Y el primero en hacerlo ha sido Jesús; lo hemos escuchado en el pasaje de la Carta a los Corintios que se ha leído al inicio. Él, siendo rico, se ha hecho pobre para enriquecernos a nosotros. Se ha hecho uno de nosotros y por esto, en el centro del Evangelio, en el centro del anuncio de Jesús está esta opción.

Cristo mismo, que es Dios, se ha despojado a sí mismo, haciéndose igual a los hombres; y no ha elegido una vida de privilegio, sino que ha elegido la condición de siervo (cfr. *Fil* 2, 6-7). Se aniquiló a sí mismo convirtiéndose en siervo. Nació en una familia humilde y trabajó como artesano. Al principio de su predicación, anunció que en el Reino de Dios los pobres son bienaventurados (cfr. *Mt* 5, 3; *Lc* 6, 20).[2] Estaba en medio de los enfermos, los pobres y los excluidos, mostrándoles el amor misericordioso de Dios.[3] Y muchas veces ha sido juzgado como un hombre impuro porque iba donde los enfermos, los leprosos, que según la ley de la época eran impuros. Y Él ha corrido riesgos por estar cerca de los pobres.

---

[2] *Ibid.*, 197.
[3] Cfr. *CIC*, 2444.

Por esto, los seguidores de Jesús se reconocen por su cercanía a los pobres, a los pequeños, a los enfermos y a los presos, a los excluidos, a los olvidados, a quien está privado de alimento y ropa (cfr. *Mt* 25, 31-36).[4] Podemos leer ese famoso parámetro sobre el cual seremos juzgados todos, seremos juzgados todos. Es Mateo, capítulo 25. Este es un criterio-clave de autenticidad cristiana (cfr. *Gal* 2,10).[5] Algunos piensan, erróneamente, que este amor preferencial por los pobres sea una tarea para pocos, pero en realidad es la misión de toda la Iglesia, decía San Juan Pablo II.[6] «Cada cristiano y cada comunidad están llamados a ser instrumentos de Dios para la liberación y promoción de los pobres».[7]

La fe, la esperanza y el amor necesariamente nos empujan hacia esta preferencia por los más necesitados,[8] que va más allá de la pura necesaria asistencia.[9] Implica de hecho

---

[4] Cfr. *CIC*, 2443.

[5] *EG*, 195.

[6] Cfr. S. Juan Pablo II, Enc. *Sollicitudo rei socialis* [*SRS*], 42.

[7] *EG*, 187.

[8] Cfr. Congregación para la Doctrina de la Fe, *Instrucción sobre algunos aspectos de la "Teología de la Liberación"*, (1984), cap. V.

[9] Cfr. *EG*, 198.

el caminar juntos, el dejarse evangelizar por ellos que conocen bien al Cristo sufriente, el dejarse "contagiar" por su experiencia de la salvación, de su sabiduría y de su creatividad.[10] Compartir con los pobres significa enriquecerse mutuamente. Y, si hay estructuras sociales enfermas que les impiden soñar por el futuro, tenemos que trabajar juntos para sanarlas, para cambiarlas.[11] Y a esto conduce el amor de Cristo, que nos ha amado hasta el extremo (cfr. *Jn* 13, 1) y llega hasta los confines, a los márgenes, a las fronteras existenciales. Llevar las periferias al centro significa centrar nuestra vida en Cristo, que «se ha hecho pobre» por nosotros, para enriquecernos «por medio de su pobreza» (2 *Cor* 8, 9).[12]

Todos estamos preocupados por las consecuencias sociales de la pandemia. Todos. Muchos quieren volver a la normalidad y retomar las actividades económicas. Cierto, pero esta "normalidad" no debería comprender las injusticias sociales y la degradación del ambiente. La pandemia es una crisis y de

---

[10] Cfr. *ibid.*

[11] Cfr. *ibid.*, 195.

[12] BENEDICTO XVI, *Discurso inaugural de la V Conferencia General del Episcopado Latinoamericano y del Caribe* (13 de mayo de 2007), 3.

una crisis no se sale iguales: o salimos mejores o salimos peores. Nosotros debemos salir mejores, para mejorar las injusticias sociales y la degradación ambiental. Hoy tenemos una ocasión para construir algo diferente. Por ejemplo, podemos hacer crecer una economía de desarrollo integral de los pobres y no de asistencialismo. Con esto no quiero condenar la asistencia, las obras de asistencia son importantes. Pensemos en el voluntariado, que es una de las estructuras más bellas que tiene la Iglesia italiana. Pero tenemos que ir más allá y resolver los problemas que nos impulsan a hacer asistencia. Una economía que no recurra a remedios que en realidad envenenan la sociedad, como los rentabilidades disociadas de la creación de puestos de trabajo dignos.[13] Este tipo de beneficios están disociados de la economía real, la que debería dar beneficio a la gente común,[14] y además resultan a veces indiferente a los daños infligidos a la casa común. La opción preferencial por los pobres, esta exigencia ético-social que proviene del amor de Dios,[15] nos da el impulso a pensar y a diseñar una economía donde las

---

[13] Cfr. *EG*, 204.
[14] Cfr. *LS*, 109.
[15] Cfr. *ibid.*, 158.

personas, y sobre todo los más pobres, estén en el centro. Y nos anima también a proyectar la cura del virus privilegiando a aquellos que más lo necesitan. ¡Sería triste si en la vacuna para el Covid-19 se diera la prioridad a los ricos! Sería triste si esta vacuna se convirtiera en propiedad de esta o aquella nación y no sea universal y para todos. Y qué escándalo sería si toda la asistencia económica que estamos viendo —la mayor parte con dinero público— se concentrase en rescatar industrias que no contribuyen a la inclusión de los excluidos, a la promoción de los últimos, al bien común o al cuidado de la creación.[16] Hay criterios para elegir cuáles serán las industrias para ayudar: las que contribuyen a la inclusión de los excluidos, a la promoción de los últimos, al bien común y al cuidado de la creación. Cuatro criterios.

Si el virus tuviera nuevamente que intensificarse en un mundo injusto para los pobres y los más vulnerables, tenemos que cambiar este mundo. Con el ejemplo de Jesús, el médico del amor divino integral, es decir de la sanación física, social y espiritual (cfr. *Jn* 5, 6-9) —como era la sanación que hacía Je-

---

sús—, tenemos que actuar ahora, para sanar las epidemias provocadas por pequeños virus invisibles, y para sanar esas provocadas por las grandes y visibles injusticias sociales. Propongo que esto se haga a partir del amor de Dios, poniendo las periferias en el centro y a los últimos en primer lugar. No olvidar ese parámetro sobre el cual seremos juzgados, Mateo, capítulo 25. Pongámoslo en práctica en este repunte de la epidemia. Y a partir de este amor concreto, anclado en la esperanza y fundado en la fe, un mundo más sano será posible. De lo contrario, saldremos peor de esta crisis. Que el Señor nos ayude, nos dé la fuerza para salir mejores, respondiendo a la necesidad del mundo de hoy.

Audiencia general, 19 de agosto de 2020, Biblioteca del Palacio Apostólico

Reflexiones para la Catequesis

1. ¿Qué palabra o frase te ha llamado más la atención al leer este texto?

2. ¿Qué has visto esta semana que sea hermoso? ¿Has visto algún ejemplo de gente ayudando a otros?

3. ¿De qué manera crees que el COVID-19 ha evidenciado más las desigualdades, y de qué manera las ha empeorado? ¿Qué impactos negativos puedes ver en las vidas de las personas que viven en la pobreza?

4. ¿Qué es lo que impide que las personas que viven en la pobreza puedan realizar sus sueños para el futuro? Por ejemplo, en tu país, ¿el acceso a una asistencia sanitaria y a la educación está al alcance de todos, ricos y pobres? ¿Tienen todos un lugar seguro y accesible para vivir?

5. ¿Qué significa realmente estar del lado de los pobres? ¿Puedes compartir un ejemplo de cómo has estado de su lado, o cuándo has visto a alguien más hacerlo? ¿Quiénes son los pobres? ¿Puedes pensar en algún santo particularmente cercano a ellos?

6. ¿Qué es lo que hace que un trabajo sea "digno"? ¿Qué condiciones hacen que un trabajo sea menos digno?

7. ¿Cómo puedes tú, tu familia y tu grupo contribuir a sanar el mundo? ¿Cómo sería seguir el ejemplo de Jesús estando cerca de los pobres y los marginados? ¿Qué hace ya tu comunidad para apoyar a los más pobres y excluidos?

El destino universal de los bienes y la virtud de la esperanza

Queridos hermanos y hermanas, ¡buenos días!

Ante de la pandemia y sus consecuencias sociales, muchos corren el riesgo de perder la esperanza. En este tiempo de incertidumbre y de angustia, invito a todos a acoger el don de la esperanza que viene de Cristo. Él nos ayuda a navegar en las aguas turbulentas de la enfermedad, de la muerte y de la injusticia, que no tienen la última palabra sobre nuestro destino final.

La pandemia ha puesto de relieve y agravado problemas sociales, sobre todo la desigualdad. Algunos pueden trabajar desde casa, mientras que para muchos otros esto es imposible. Ciertos niños, a pesar de las dificultades, pueden seguir recibiendo una educación escolar, mientras que para muchísimos otros esta se ha interrumpido bruscamente. Algunas naciones poderosas pueden emitir moneda para afrontar la emergencia, mientras que para otras esto significaría hipotecar el futuro.

Estos síntomas de desigualdad revelan una enfermedad social; es un virus que viene de una economía enferma. Tenemos que decirlo sencillamente: la economía está enferma. Se ha enfermado. Es el fruto de un crecimiento económico injusto —esta es la enfermedad: el fruto de un crecimiento económico injusto— que prescinde de los valores humanos fundamentales. En el mundo de hoy, unos pocos muy ricos poseen más que todo el resto de la humanidad. Repito esto porque nos hará pensar: pocos muy ricos, un grupito, poseen más que todo el resto de la humanidad. Esto es estadística pura. ¡Es una injusticia que clama al cielo! Al mismo tiempo, este modelo económico es indiferente a los daños infligidos a la casa común. No cuida de la casa común. Estamos cerca de superar muchos de los límites de nuestro maravilloso planeta, con consecuencias graves e irreversibles: desde la pérdida de biodiversidad y del cambio climático hasta el aumento del nivel de los mares y a la destrucción de los bosques tropicales. La desigualdad social y el degrado ambiental van de la mano y tienen la misma raíz:[1] la del pecado de querer poseer, de querer dominar

---

[1] *LS*, 101.

a los hermanos y las hermanas, de querer poseer y dominar la naturaleza y al mismo Dios. Pero este no es el diseño de la creación.

«Al comienzo Dios confió la tierra y sus recursos a la administración común de la humanidad para que tuviera cuidado de ellos».[2] Dios nos ha pedido dominar la tierra en su nombre (cfr. *Gen* 1, 28), cultivándola y cuidándola como un jardín, el jardín de todos (cfr. *Gen* 2,15). «Mientras "labrar" significa cultivar, arar o trabajar [...], "cuidar" significa proteger, custodiar, preservar».[3] Pero cuidado con interpretar esto como carta blanca para hacer de la tierra lo que uno quiere. No. Existe «una relación de reciprocidad responsable»[4] entre nosotros y la naturaleza. Una relación de reciprocidad responsable entre nosotros y la naturaleza. Recibimos de la creación y damos a nuestra vez. «Cada comunidad puede tomar de la bondad de la tierra lo que necesita para su supervivencia, pero también tiene el deber de protegerla».[5] Ambas partes.

---

[2] *CIC*, 2402.
[3] *LS*, 67.
[4] *Ibid.*
[5] *Ibid.*

De hecho, la tierra «nos precede y nos ha sido dada»,[6] ha sido dada por Dios «a toda la humanidad».[7] Y por lo tanto, es nuestro deber hacer que sus frutos lleguen a todos, no solo a algunos. Y este es un elemento clave de nuestra relación con los bienes terrenos. Como recordaban los padres del Concilio Vaticano II «el hombre, al usarlos, no debe tener las cosas exteriores que legítimamente posee como exclusivamente suyas, sino también como comunes, en el sentido de que no le aprovechen a él solamente, sino también a los demás».[8] De hecho, «la propiedad de un bien hace de su dueño un administrador de la providencia para hacerlo fructificar y comunicar sus beneficios a otros».[9] Nosotros somos administradores de los bienes, no dueños. Administradores. "Sí, pero el bien es mío". Es verdad, es tuyo, pero para administrarlo, no para tenerlo egoístamente para ti.

Para asegurar que lo que poseemos lleve valor a la comunidad, «la *autoridad política* tiene el derecho y el deber de regular en función del bien común el ejercicio legítimo del dere-

---

[6] *Ibid.*
[7] *CIC*, 2402.
[8] *GS*, 69.
[9] *CIC*, 2404.

cho de propiedad».[10] La «subordinación de la propiedad privada al *destino universal de los bienes* […] es una "regla de oro" del comportamiento social y el primer principio de todo el ordenamiento ético-social».[11]

Las propiedades, el dinero son instrumentos que pueden servir a la misión. Pero los transformamos fácilmente en fines, individuales o colectivos. Y cuando esto sucede, se socavan los valores humanos esenciales. El *homo sapiens* se deforma y se convierte en una especie de *homo œconomicus* —en un sentido peor— individualista, calculador y dominador. Nos olvidamos de que, siendo creados a imagen y semejanza de Dios, somos seres sociales, creativos y solidarios, con una inmensa capacidad de amar. Nos olvidamos a menudo de esto. De hecho, somos los seres más cooperativos entre todas las especies y florecemos en comunidad, como bien se ve en la experiencia de los santos.[12] Hay un dicho español que me ha inspirado esta frase, y dice así: florecemos en racimo como los santos. Florece-

---

[10] *Ibid.*, 2406; Cfr. *GS*, 71; *SRS*, 42; Cart. enc. *Centesimus annus* [*CA*], 40.48.

[11] *LS*, 93; Cfr. S. Juan Pablo II, Cart. enc. *Laborem exercens* [*LE*], 19.

[12] *"Florecemos en racimo, como los santos"*: expresión común en lengua española.

mos en comunidad como se ve en la experiencia de los santos.

Cuando la obsesión por poseer y dominar excluye a millones de personas de los bienes primarios; cuando la desigualdad económica y tecnológica es tal que lacera el tejido social; y cuando la dependencia de un progreso material ilimitado amenaza la casa común, entonces no podemos quedarnos mirando. No, esto es desolador. ¡No podemos quedarnos mirando! Con la mirada fija en Jesús (cfr. *Heb* 12, 2) y con la certeza de que su amor obra mediante la comunidad de sus discípulos, debemos actuar todos juntos, en la esperanza de generar algo diferente y mejor. La esperanza cristiana, enraizada en Dios, es nuestra ancla. Ella sostiene la voluntad de compartir, reforzando nuestra misión como discípulos de Cristo, que ha compartido todo con nosotros.

Y esto lo entendieron las primeras comunidades cristianas, que como nosotros, vivieron tiempos difíciles. Conscientes de formar un solo corazón y una sola alma, ponían todos sus bienes en común, testimoniando la gracia abundante de Cristo sobre ellos (cfr. *Hch* 4, 32-35). Nosotros estamos viviendo una crisis. La pandemia nos ha puesto a todos en crisis. Pero recordad: de una crisis no se puede salir iguales, o salimos mejores, o salimos peores. Esta es nuestra opción. Después de la crisis, ¿seguiremos con este sistema económico de injusticia social y de desprecio por el cuidado del ambiente, de la creación, de la casa común? Pensémoslo. Que las comunidades cristianas del siglo XXI puedan recuperar esta realidad — el cuidado de la creación y la justicia social: van juntas —, dando así testimonio de la Resurrección del Señor. Si cuidamos los bienes que el Creador nos dona, si ponemos en común lo que poseemos de forma que a nadie le falte, entonces realmente podremos inspirar esperanza para regenerar un mundo más sano y más justo.

Y para finalizar, pensemos en los niños. Leed las estadísticas: cuántos niños, hoy, mueren de hambre por una no buena distribución de las riquezas, por un sistema económico como he dicho antes; y cuántos niños, hoy, no tienen derecho a la escuela, por el mismo motivo. Que esta imagen, de los niños necesitados por hambre y por falta de educación, nos ayude a entender que después de esta crisis debemos salir mejores. Gracias.

Audiencia general, 26 de agosto de 2020, Biblioteca del Palacio Apostólico

1. ¿Qué palabra o frase te ha llamado más la atención al leer este texto?

2. ¿Puedes pensar en algún momento en el que hayas compartido algo con alguien más? ¿Cómo te sentiste?

3. ¿Cómo te sientes acerca de esta estadística — que sólo unas pocas personas poseen más que el resto de la humanidad? ¿Qué ideas tienes para cambiar esto, para que más gente pueda tener lo suficiente para vivir?

4. ¿Hay alguna evidencia de daño ambiental en tu localidad, región o país? ¿Contaminación del aire? ¿Tienes agua limpia? ¿Has visto señales de cambio climático, por ejemplo, inundaciones, sequías o tormentas más dañinas?

5. ¿A quién consideras rico? ¿Es alguien que tiene su propia casa? ¿Alguien que tiene más de una casa? ¿Alguien que conduce un coche deportivo? ¿Cuánto tendrías que ganar para ser rico en tu país? ¿Cuánto necesitas ganar para sobrevivir?

6. ¿Hay buenos ejemplos de generosidad en tu comunidad? Por ejemplo, un banco de alimentos? ¿Podrían ofrecer un trabajo a alguien que está desempleado? ¿Podrían

ofrecer una habitación a un solicitante de asilo, o una ducha para un indigente? ¿Qué ideas te vienen en mente?

7. ¿De qué manera el cuidado de la creación y la justicia social dan testimonio de la Resurrección del Señor? ¿Cuidar la creación y alimentar a los niños hambrientos es una buena manera de hacer que la gente sea consciente del amor de Cristo? ¿Qué otras formas hay? ¿Qué formas crees que tienen el mayor impacto?

La solidaridad y la virtud de la fe

Queridos hermanos y hermanas, ¡buenos días!

Después de tantos meses retomamos nuestro encuentro cara a cara y no pantalla a pantalla. Cara a cara. ¡Esto es bonito! La pandemia actual ha puesto de relieve nuestra interdependencia: todos estamos vinculados, los unos con los otros, tanto en el bien como en el mal. Por eso, para salir mejores de esta crisis, debemos hacerlo juntos. Juntos, no solos, juntos. Solos no, ¡porque no se puede! O se hace juntos o no se hace. Debemos hacerlo juntos, todos, en la solidaridad. Hoy quisiera subrayar esta palabra: solidaridad.

Como familia humana tenemos el origen común en Dios; vivimos en una casa común, el planeta-jardín, la tierra en la que Dios nos ha puesto; y tenemos un destino común en Cristo. Pero cuando olvidamos todo esto, nuestra interdependencia se convierte en dependencia de unos hacia otros —perdemos esta armonía de interdependencia en la solidaridad—, aumentando la desigualdad y la marginación; se debilita el tejido social y se deteriora el ambiente. Siempre la misma manera de actuar.

Por tanto, el principio de solidaridad es hoy más necesario que nunca, como ha enseñado Juan Pablo II.[1] De una forma interconectada, experimentamos qué significa vivir en la misma "aldea global". Es bonita esta expresión: el gran mundo no es otra cosa que una aldea global, porque todo está interconectado. Pero no siempre transformamos esta interdependencia en solidaridad. Hay un largo camino entre la interdependencia y la solidaridad. Los egoísmos — individuales, nacionales y de los grupos de poder — y las rigideces ideológicas alimentan, al contrario, «estructuras de pecado».[2]

«La palabra "solidaridad" está un poco desgastada y a veces se la interpreta mal, pero es mucho más que algunos actos esporádicos de generosidad. ¡Es más! Supone crear una nueva mentalidad que piense en términos de comunidad, de prioridad de la vida de todos sobre la apropiación de los bienes por parte de algunos».[3] Esto significa solidaridad. No es solo cuestión de ayudar a los otros —esto

---

[1] Cfr. *SRS*, 38-40.
[2] *Ibid.*, 36.
[3] *EG*, 188.

está bien hacerlo, pero es más —: se trata de justicia.[4] La interdependencia, para ser solidaria y fructífera, necesita raíces fuertes en la humanidad y en la naturaleza creada por Dios, necesita respeto por los rostros y la tierra.

La Biblia, desde el principio, nos advierte. Pensemos en el pasaje de la Torre de Babel (cfr. *Gen* 11, 1-9) que describe lo que sucede cuando tratamos de llegar al cielo —nuestra meta— ignorando el vínculo con la humanidad, con la creación y con el Creador. Es una forma de hablar: esto sucede cada vez que uno quiere subir, subir, sin tener en cuenta a los otros. ¡Yo solo! Pensemos en la torre. Construimos torres y rascacielos, pero destruimos la comunidad. Unificamos edificios y lenguas, pero mortificamos la riqueza cultural. Queremos ser amos de la Tierra, pero arruinamos la biodiversidad y el equilibrio ecológico. Os conté en alguna otra audiencia de esos pescadores de San Benedetto del Tronto que vinieron este año y me dijeron: "Hemos sacado del mar 24 toneladas de basura, de las cuales la mitad era plástico". ¡Pensad! Estos tienen el espíritu de recoger los peces, sí, pero también la basura y sacarla para limpiar el mar. Pero

---

[4] Cfr. *CIC*, 1938-1940.

esta [contaminación] está arruinando la tierra —no teniendo solidaridad con la tierra que es un don— y el equilibrio ecológico.

Recuerdo una historia medieval que describe este "síndrome de Babel", que es cuando no hay solidaridad. Esta historia medieval dice que, durante la construcción de la torre, cuando un hombre caía —eran esclavos— y moría nadie decía nada, como mucho: "Pobrecillo, se ha equivocado y ha caído". Sin embargo, si caía un ladrillo, todos se lamentaban. ¡Y si alguno era culpable, era castigado! ¿Por qué? Porque un ladrillo era caro de hacer, de preparar, de cocer. Se necesitaba tiempo y trabajo para hacer un ladrillo. Un ladrillo valía más que la vida humana. Cada uno de nosotros piense en qué sucede hoy. Lamentablemente también hoy puede suceder algo parecido. Cae la cuota del mercado financiero —lo hemos visto en los periódicos estos días— y la noticia está en todas las agencias. Caen miles de personas por el hambre, la miseria y nadie habla de ello.

Diametralmente opuesto a Babel es Pentecostés (cfr. *Hch* 2, 1-3), lo hemos escuchado al principio de la audiencia. El Espíritu Santo, descendiendo del alto como viento y fuego, inviste la comunidad cerrada en el cenáculo, la infunde la fuerza de Dios, la impulsa a salir, a anunciar a todos a Jesús Señor. El Espíritu crea la unidad en la diversidad, crea la armonía. En la historia de la Torre de Babel no hay armonía; había ese ir adelante para ganar. Allí, el hombre era un mero instrumento, mera "mano de obra", pero aquí, en Pentecostés, cada uno de nosotros es un instrumento, pero un instrumento comunitario que participa con todo su ser a la edificación de la comunidad. San Francisco de Asís lo sabía bien, y animado por el Espíritu daba a todas las personas, es más, a las criaturas, el nombre de hermano o hermana.[5] También el hermano lobo, recordemos.

Con Pentecostés, Dios se hace presente e inspira la fe de la comunidad unida en la diversidad y en la solidaridad. Diversidad y solidaridad unidas en armonía, este es el camino. Una diversidad solidaria posee los "anticuerpos" para que la singularidad de cada uno — que es un don, único e irrepetible — no se enferme de individualismo, de egoísmo. La diversidad solidaria posee también los anticuerpos para sanar estructuras y procesos sociales que han degenerado en sistemas de

---

[5] Cfr. *LS*, 11; cfr. SAN BUENAVENTURA, *Legenda maior*, VIII, 6: *FF* 1145.

injusticia, en sistemas de opresión.[6] Por lo tanto, la solidaridad hoy es el camino para recorrer hacia un mundo post-pandemia, hacia la sanación de nuestras enfermedades interpersonales y sociales. No hay otra. O vamos adelante con el camino de la solidaridad o las cosas serán peores. Quiero repetirlo: de una crisis no se sale igual que antes. La pandemia es una crisis. De una crisis se sale o mejores o peores. Tenemos que elegir nosotros. Y la solidaridad es precisamente un camino para salir de la crisis mejores, no con cambios superficiales, con una capa de pintura así y todo está bien. No. ¡Mejores!

En medio de la crisis, una solidaridad guiada por la fe nos permite traducir el amor de Dios en nuestra cultura globalizada, no construyendo torres o muros — y cuántos muros se están construyendo hoy — que dividen pero después caen, sino tejiendo comunidades y apoyando procesos de crecimiento verdaderamente humano y solidario. Y para esto ayuda la solidaridad. Hago una pregunta: ¿yo pienso en las necesidades de los otros? Cada uno que responda en su corazón.

---

[6] Cfr. *CDSC*, 192.

En medio de crisis y tempestades, el Señor nos interpela y nos invita a despertar y activar esta solidaridad capaz de dar solidez, apoyo y un sentido a estas horas en las que todo parece naufragar. Que la creatividad del Espíritu Santo pueda animarnos a generar nuevas formas de hospitalidad familiar, de fraternidad fecunda y de solidaridad universal. Gracias.

Audiencia general, 2 de septiembre de 2020, Patio de San Dámaso

Reflexiones para la Catequesis

1. ¿Qué palabra o frase te ha llamado más la atención al leer este texto?

2. ¿Puedes pensar en buenos ejemplos de las formas en que tú o tu grupo actúan en solidaridad, ya sea a nivel local o mundial? Por ejemplo, apoyando a Cáritas, o haciendo campaña a favor de carriles para la bici o creando parques infantiles para los niños desfavorecidos.

3. ¿De qué manera estás conectada/o con personas de otras partes del mundo? Por ejemplo, ¿compras fruta del Caribe o ropa hecha en Bangladesh? ¿Cómo podrías pasar de estar conectado a ser solidario? ¿Cuál es la diferencia?

4. ¿Qué significa ser solidario con el resto de la creación? Limpiar los desechos plásticos es algo bueno. Pero, ¿podemos hacer algo más?

5. ¿Cómo crees que podemos proceder en el camino de la solidaridad? ¿Qué cambios implicaría? ¿Estamos dispuestos a abandonar las ventajas de un modo de vida egoísta para ayudar a los demás? ¿Conocemos a alguien que ya haya emprendido el camino de la solidaridad y que pueda ser un ejemplo para nosotros?

6. ¿Por qué crees que se están construyendo tantos muros hoy en día? ¿De qué tiene miedo la gente? ¿Cómo podríamos ayudar a la gente a superar sus miedos y a derribar los muros?

7. ¿Recuerdas la historia de la Torre de Babel? (*Gen* 11, 1-9). ¿Qué puede enseñarnos sobre la solidaridad?

Amor y bien común

Queridos hermanos y hermanas, ¡buenos días!

La crisis que estamos viviendo a causa de la pandemia golpea a todos; podemos salir mejores si buscamos todos juntos el bien común; al contrario, saldremos peores. Lamentablemente, asistimos al surgimiento de intereses partidistas. Por ejemplo, hay quien quisiera apropiarse de posibles soluciones, como en el caso de las vacunas y después venderlas a los otros. Algunos aprovechan la situación para fomentar divisiones: para buscar ventajas económicas o políticas, generando o aumentando conflictos. Otros simplemente no se interesan por el sufrimiento de los demás, pasan por encima y van por su camino (cfr. *Lc* 10, 30-32). Son los devotos de Poncio Pilato, se lavan las manos.

La respuesta cristiana a la pandemia y a las consecuentes crisis socio-económicas se basa en el amor, ante todo el amor de Dios que siempre nos precede (cfr. *1 Jn* 4, 19). Él nos ama primero, Él siempre nos precede en el amor y en las soluciones. Él nos ama incondicionalmente, y cuando acogemos este amor divino, entonces podemos responder de forma parecida. Amo no solo a quien me ama: mi familia, mis amigos, mi grupo, sino también a los que no me aman, amo también a los que no me conocen, amo también a lo que son extranjeros, y también a los que me hacen sufrir o que considero enemigos (cfr. *Mt* 5, 44). Esta es la sabiduría cristiana, esta es la actitud de Jesús. Y el punto más alto de la santidad, digamos así, es amar a los enemigos, y no es fácil. Cierto, amar a todos, incluidos los enemigos, es difícil —¡diría que es un arte!—. Pero es un arte que se puede aprender y mejorar. El amor verdadero, que nos hace fecundos y libres, es siempre expansivo e inclusivo. Este amor cura, sana y hace bien. Muchas veces hace más bien una caricia que muchos argumentos, una caricia de perdón y no tantos argumentos para defenderse. Es el amor inclusivo que sana.

Por tanto, el amor no se limita a las relaciones entre dos o tres personas, o a los amigos, o a la familia, va más allá. Incluye las relaciones cívicas y políticas,[1] incluso la relación con la naturaleza.[2] Como somos seres sociales y políticos, una de las más altas expresiones de amor es precisamente la social y política, decisiva para el desarrollo humano y para afrontar todo tipo

---

[1] Cfr. *CIC*, 1907-1912.
[2] *LS*, 231.

de crisis.[3] Sabemos que el amor fructifica a las familias y las amistades; pero está bien recordar que fructifica también las relaciones sociales, culturales, económicas y políticas, permitiéndonos construir una "civilización del amor", como le gustaba decir a san Pablo VI[4] y, siguiendo su huella, a san Juan Pablo II. Sin esta inspiración, prevalece la cultura del egoísmo, de la indiferencia, del descarte, es decir descartar lo que yo no quiero, lo que no puedo amar o aquellos que a mí me parece que son inútiles en la sociedad. Hoy a la entrada una pareja me ha dicho: "Rece por nosotros porque tenemos un hijo discapacitado". Yo he preguntado: "¿Cuántos años tiene? —Tantos —¿Y qué hace? —Nosotros le acompañamos, le ayudamos". Toda una vida de los padres para ese hijo discapacitado. Esto es amor. Y los enemigos, los adversarios políticos, según nuestra opinión, parecen ser discapacitados políticos o sociales, pero parecen. Solo Dios sabe si lo son o no. Pero nosotros debemos amarles, debemos dialogar, debemos construir esta civilización del amor, esta civilización política, social, de la unidad de toda la humanidad. Todo esto es lo opuesto a las guerras, divisiones, envidias, también de las guerras en familia. El

---

[3] *Ibid.*

[4] *Mensaje para la X Jornada Mundial de la Paz, 1 de enero de 1977*: AAS 68 (1976), 709.

amor inclusivo es social, es familiar, es político: ¡el amor lo impregna todo!

El coronavirus nos muestra que el verdadero bien para cada uno es un bien común y, viceversa, el bien común es un verdadero bien para la persona.[5] Si una persona busca solamente el propio bien es un egoísta. Sin embargo, la persona es más persona, precisamente cuando el propio bien lo abre a todos, lo comparte. La salud, además de individual, es también un bien público. Una sociedad sana es la que cuida de la salud de todos.

Un virus que no conoce barreras, fronteras o distinciones culturales y políticas debe ser afrontado con un amor sin barreras, fronteras o distinciones. Este amor puede generar estructuras sociales que nos animen a compartir más que a competir, que nos permitan incluir a los más vulnerables y no descartarlos, y que nos ayuden a expresar lo mejor de nuestra naturaleza humana y no lo peor. El verdadero amor no conoce la cultura del descarte, no sabe qué es. De hecho, cuando amamos y generamos creatividad, cuando generamos confianza y solidaridad, es ahí que emergen iniciativas concretas por el bien común.[6] Y esto vale tanto a nivel de

---

[5] Cfr. *CIC*, 1905-1906.
[6] Cfr. *SRS*, 38.

las pequeñas y grandes comunidades, como a nivel internacional. Lo que se hace en familia, lo que se hace en el barrio, lo que se hace en el pueblo, lo que se hace en la gran ciudad e internacionalmente es lo mismo: es la misma semilla que crece y da fruto. Si tú en familia, en el barrio empiezas con la envidia, con la lucha, al final habrá la "guerra". Sin embargo, si tú empiezas con el amor, a compartir el amor, el perdón, entonces habrá amor y perdón para todos.

Al contrario, si las soluciones a la pandemia llevan la huella del egoísmo, ya sea de personas, empresas o naciones, quizá podamos salir del coronavirus, pero ciertamente no de la crisis humana y social que el virus ha resaltado y acentuado. Por lo tanto, ¡estad atentos con construir sobre la arena (cfr. *Mt* 7, 21-27)! Para construir una sociedad sana, inclusiva, justa y pacífica, debemos hacerlo encima de la roca del bien común.[7] El bien común es una roca. Y esto es tarea de todos nosotros, no solo de algún especialista. Santo Tomás de Aquino decía que la promoción del bien común es un deber de justicia que recae sobre cada ciudadano. Cada ciudadano es responsable del bien común. Y para los cristianos es también una misión. Como enseña san Ignacio del Loyola,

______

[7] *Ibid.*, 10.

orientar nuestros esfuerzos cotidianos hacia el bien común es una forma de recibir y difundir la gloria de Dios.

Lamentablemente, la política a menudo no goza de buena fama, y sabemos el porqué. Esto no quiere decir que los políticos sean todos malos, no, no quiero decir esto. Solamente digo que lamentablemente la política a menudo no goza de buena fama. Pero no hay que resignarse a esta visión negativa, sino reaccionar demostrando con los hechos que es posible, es más, necesaria una buena política,[8] la que pone en el centro a la persona humana y el bien común. Si vosotros leéis la historia de la humanidad encontraréis muchos políticos santos que han ido por este camino. Es posible en la medida en la que cada ciudadano, y de forma particular quien asume compromisos y encargos sociales y políticos, arraigue su actuación en los principios éticos y la anime con el amor social y político. Los cristianos, de forma particular los fieles laicos, están llamados a dar buen testimonio de esto y pueden hacerlo gracias a la virtud de la caridad, cultivando la intrínseca dimensión social.

____

[8] Cfr. *Mensaje para la Jornada Mundial de la Paz, 1 de enero de 2019* (8 de diciembre de 2018).

Es por lo tanto tiempo de incrementar nuestro amor social —quiero subrayar esto: nuestro amor social—, contribuyendo todos, a partir de nuestra pequeñez. El bien común requiere la participación de todos. Si cada uno pone de su parte, y si no se deja a nadie fuera, podremos regenerar buenas relaciones a nivel comunitario, nacional, internacional y también en armonía con el ambiente.[9] Así en nuestros gestos, también en los más humildes, se hará visible algo de la imagen de Dios que llevamos en nosotros, porque Dios es Trinidad, Dios es amor. Esta es la definición más bonita de Dios en la Biblia. Nos la da el apóstol Juan, que amaba mucho a Jesús: Dios es amor. Con su ayuda, podemos sanar al mundo trabajando todos juntos por el bien común, no solo por el propio bien, sino por el bien común, de todos.

Audiencia general, 9 de septiembre de 2020, Patio de San Dámaso

Reflexiones para la Catequesis

1. ¿Qué palabra o frase te ha llamado más la atención al leer este texto?

---

[9] Cfr. *LS*, 236.

2. ¿Cuál es la diferencia entre buscar el Bien Común juntos y seguir la voluntad de la mayoría? ¿Quién pierde si sólo pensamos en el punto de vista de la mayoría?

3. ¿Por qué, como católicos o simplemente como personas de buena voluntad, debemos tratar de luchar contra el racismo y otras formas de discriminación?

4. ¿De qué manera una sociedad construida sobre el amor se vería diferente de la sociedad que tenemos ahora? ¿Puedes pensar en algún ejemplo de amor cívico y político? Por ejemplo, la superación del apartheid en Sudáfrica.

5. ¿Por qué el Papa Francisco dice que la atención médica no debe limitarse a los que pueden pagarla? ¿De qué maneras la prevención de enfermedades es un asunto público o comunitario, y no sólo un asunto privado?

6. ¿Cómo podemos usar la tecnología para el bien común, en lugar de sólo para nuestro propio interés?

7. ¿Cómo podríamos unirnos más como comunidad, superar la división y empezar a reconstruir la confianza para poder construir un mundo pos-COVID que sea mejor? ¿Cuáles serían tus primeros pasos?

Cuidado de la casa común y actitud contemplativa

Queridos hermanos y hermanas, ¡buenos días!

Para salir de una pandemia, es necesario cuidarse y cuidarnos mutuamente. También debemos apoyar a quienes cuidan a los más débiles, a los enfermos y a los ancianos. Existe la costumbre de dejar de lado a los ancianos, de abandonarlos: está muy mal. Estas personas —bien definidas por el término español "cuidadores"—, los que cuidan de los enfermos, desempeñan un papel esencial en la sociedad actual, aunque a menudo no reciban ni el reconocimiento ni la remuneración que merecen. El cuidado es una regla de oro de nuestra humanidad y trae consigo salud y esperanza.[1] Cuidar de quien está enfermo, de quien lo necesita, de quien ha sido dejado de lado: es una riqueza humana y también cristiana,

Este cuidado abraza también a nuestra casa común: la tierra y cada una de sus criaturas. Todas las formas de vida están interconectadas,[2] y nuestra salud depende de la de

---

[1] Cfr. *LS*, 70.
[2] Cfr. *ibíd.*, 137-138.

los ecosistemas que Dios ha creado y que nos ha encargado cuidar (cf. *Gn* 2, 15). Abusar de ellos, en cambio, es un grave pecado que daña, que perjudica y hace enfermar.[3] El mejor antídoto contra este abuso de nuestra casa común es la contemplación.[4] ¿Pero cómo? ¿No hay una vacuna al respecto, para el cuidado de la casa común, para no dejarla de lado? ¿Cuál es el antídoto para la enfermedad de no cuidar la casa común? Es la contemplación. «Cuando alguien no aprende a detenerse para percibir y valorar lo bello, no es extraño que todo se convierta para él en objeto de uso y abuso inescrupuloso».[5] Incluso en objeto de "usar y tirar". Sin embargo, nuestro hogar común, la creación, no es un mero "recurso". Las criaturas tienen un valor en sí y "reflejan, cada una a su manera, un rayo de la sabiduría y de la bondad infinitas de Dios".[6] Pero ese valor y ese rayo de luz divina hay que descubrirlo y, para hacerlo, necesitamos silencio, necesitamos escuchar, necesitamos contemplar. También la contemplación cura el alma.

---

[3] Cfr. *ibíd.*, 8; 66.
[4] Cfr. *ibíd.*, 85; 214.
[5] *Ibíd.*, 215.
[6] *CIC*, 339.

Sin contemplación es fácil caer en un antropocentrismo desviado y soberbio, el "yo" en el centro de todo, que sobredimensiona nuestro papel de seres humanos y nos posiciona como dominadores absolutos de todas las criaturas. Una interpretación distorsionada de los textos bíblicos sobre la creación ha contribuido a esta visión equivocada, que lleva a explotar la tierra hasta el punto de asfixiarla. Explotar la creación: ese es el pecado. Creemos que estamos en el centro, pretendiendo que ocupamos el lugar de Dios; y así arruinamos la armonía del diseño de Dios. Nos convertimos en depredadores, olvidando nuestra vocación de custodios de la vida. Naturalmente, podemos y debemos trabajar la tierra para vivir y desarrollarnos. Pero el trabajo no es sinónimo de explotación, y siempre va acompañado de cuidados: arar y proteger, trabajar y cuidar... Esta es nuestra misión (cf. *Gn* 2,15). No podemos esperar seguir creciendo a nivel material, sin cuidar la casa común que nos acoge. Nuestros hermanos y hermanas más pobres y nuestra madre tierra gimen por el daño y la injusticia que hemos causado y reclaman otro rumbo. Reclaman de nosotros una conversión, un cambio de ruta: cuidar también de la tierra, de la creación.

Es importante, pues, recuperar la dimensión contemplativa, es decir mirar la tierra y la creación como un don, no como algo que explotar para sacar beneficios. Cuando contemplamos, descubrimos en los demás y en la naturaleza algo mucho más grande que su utilidad. He aquí la clave del problema: contemplar es ir más allá de la utilidad de una cosa. Contemplar la belleza no significa explotarla: contemplar es gratuidad. Descubrimos el valor intrínseco de las cosas que les ha dado Dios. Como muchos maestros espirituales han enseñado, el cielo, la tierra, el mar, cada criatura posee esta capacidad icónica, esta capacidad mística para llevarnos de vuelta al Creador y a la comunión con la creación. Por ejemplo, San Ignacio de Loyola, al final de sus Ejercicios Espirituales, nos invita a la "Contemplación para alcanzar amor", es decir, a considerar cómo Dios mira a sus criaturas y a regocijarse con ellas; a descubrir la presencia de Dios en sus criaturas y, con libertad y gracia, a amarlas y cuidarlas.

La contemplación, que nos lleva a una actitud de cuidado, no es mirar a la naturaleza desde el exterior, como si no estuviéramos inmersos en ella. Pero nosotros estamos dentro de la naturaleza, somos parte de la naturaleza. Se hace más bien desde dentro, reconociéndonos como parte de la creación, haciéndonos protagonistas y no meros espectadores de una realidad amorfa que solo serviría para explotaría. El que contempla de esta manera siente asombro no sólo por lo que ve, sino también porque se siente parte integral de esta belleza; y también se siente llamado a guardarla, a protegerla. Y hay algo que no debemos olvidar: quien no sabe contemplar la naturaleza y la creación, no sabe contemplar a las personas con toda su riqueza. Y quien vive para explotar la naturaleza, termina explotando a las personas y tratándolas como esclavos. Esta es una ley universal: si no sabes contemplar la naturaleza, te será muy difícil contemplar a las personas, la belleza de las personas, a tu hermano, a tu hermana.

El que sabe contemplar, se pondrá más fácilmente manos a la obra para cambiar lo que produce degradación y daño a la salud. Se comprometerá a educar y a promover nuevos hábitos de producción y consumo, a contribuir a un nuevo modelo de crecimiento económico que garantice el respeto de la casa común y el respeto de las personas. El contemplativo en acción tiende a convertirse en custodio del medio ambiente: ¡qué hermoso es esto! Cada uno de nosotros debe ser custodio del ambiente, de la pureza del ambiente, tratando de conjugar los saberes ancestrales de las culturas milenarias con los nuevos conocimientos técnicos, para que nuestro estilo de vida sea sostenible.

En fin, *contemplar y cuidar*: ambas actitudes muestran el camino para corregir y reequilibrar nuestra relación como seres humanos con la creación. Muchas veces, nuestra relación con la creación parece ser una relación entre enemigos: destruir la creación para mi ventaja; explotar la creación para mi ventaja. No olvidemos que se paga caro; no olvidemos el dicho español: "Dios perdona siempre; nosotros perdonamos a veces; la naturaleza no perdona nunca". Hoy leía en el periódico acerca de los dos grandes glaciares de la Antártida, cerca del Mar de Amundsen: están a punto de caer. Será terrible, porque el nivel del mar subirá y esto acarreará muchas, muchas dificultades y muchos males. ¿Y por qué? Por el sobrecalentamiento, por no cuidar del medio ambiente, por no cuidar de la casa común. En cambio, si tenemos esta relación —me permito usar la palabra— "fraternal", en sentido figurado, con la creación, nos convertimos en custodios de la casa común, en custodios de la vida y en custodios de la esperanza, custodiaremos el patrimonio que Dios nos ha confiado para que las generaciones futuras puedan disfrutarlo. Y alguno podría decir: "Pero, yo me las arreglo así". Pero el problema no es cómo te las arreglas hoy —esto lo decía un teólogo alemán, protestante, muy bueno: Bonhoeffer— el problema no es cómo te las arreglas hoy; el problema es: ¿cuál será la herencia, la vida de la futura generación? Pensemos en los hijos, en los nietos: ¿qué les dejaremos si explotamos la creación? Custodiemos este camino para que podamos convertirnos en "custodios" de la casa común, custodios de la vida y de la esperanza.

Custodiemos el patrimonio que Dios nos ha confiado para que las futuras generaciones puedan disfrutarlo. Pienso de manera especial en los pueblos indígenas, con los que todos tenemos una deuda de gratitud, incluso de penitencia, para reparar el daño que les hemos causado. Pero también pienso en aquellos movimientos, asociaciones y grupos populares, que se esfuerzan por proteger su territorio con sus valores naturales y culturales. Sin embargo, no siempre son apreciados e incluso, a veces, se les obstaculiza porque no producen dinero, cuando, en realidad, contribuyen a una revolución pacífica que podríamos llamar la "revolución del cuidado". Contemplar para cuidar, contemplar para custodiar, custodiarnos nosotros, a la creación, a nuestros hijos, a nuestros nietos, y custodiar el futuro. Contemplar para curar y para custodiar y para dejar una herencia a la futura generación.

Ahora bien, no hay que delegar en algunos lo que es la tarea de todo ser humano. Cada uno de nosotros puede y debe convertirse en un "custodio de la casa común", capaz de alabar a Dios por sus criaturas, de contemplarlas y protegerlas.

Audiencia general, 16 de septiembre de 2020, Patio de San Dámaso

REFLEXIONES PARA LA CATEQUESIS

1. ¿Qué palabra o frase te ha llamado más la atención al leer este texto?

2. ¿Qué has visto recientemente que te ha impactado con su belleza? ¿Has tenido el tiempo de detenerte a contemplarlo? Si no, ¿qué cambios tendrías que hacer en tu estilo de vida para desarrollar una mirada más contemplativa?

3. ¿De qué manera tratamos bien a otras criaturas vivientes? ¿Existen ejemplos de cuando las tratamos mal, como si no tuvieran ningún valor?

4. ¿Puedes pensar en algún ejemplo local de cómo la tierra está siendo explotada en lugar de ser cuidada? ¿Y a nivel mundial?

5. ¿De qué manera tú y tu comunidad podrían hacer más para proteger la naturaleza? ¿Qué están haciendo ya? ¿Qué puede ser un paso más?

6. ¿Cómo ves la relación entre la contemplación y la acción? ¿Es una más importante que la otra?

7. Además de convertirte a ti mismo en "cuidador de nuestro hogar común", ¿cuáles crees que son las mejores formas de animar e invitar a otros a unirse?

Subsidiariedad
Y VIRTUD DE LA ESPERANZA

Queridos hermanos y hermanas, ¡parece que el tiempo no es muy bueno, pero os digo buenos días igualmente!

Para salir mejores de una crisis como la actual, que es una crisis sanitaria y al mismo tiempo una crisis social, política y económica, cada uno de nosotros está llamado a asumir su parte de responsabilidad, es decir compartir la responsabilidad. Tenemos que responder no solo como individuos, sino también a partir de nuestro grupo de pertenencia, del rol que tenemos en la sociedad, de nuestros principios y, si somos creyentes, de la fe en Dios. Pero a menudo muchas personas no pueden participar en la reconstrucción del bien común porque son marginadas, son excluidas o ignoradas; ciertos grupos sociales no logran contribuir porque están ahogados económica o políticamente. En algunas sociedades, muchas personas no son libres de expresar la propia fe y los propios valores, las propias ideas: si las expresan van a la cárcel. En otros lugares, especialmente en el mundo occidental, muchos auto-reprimen las propias convicciones éticas o religiosas. Pero así no se puede salir de la crisis, o en cualquier caso no se puede salir mejores. Saldremos peores.

Para que todos podamos participar en el cuidado y la regeneración de nuestros pueblos, es justo que cada uno tenga los recursos adecuados para hacerlo.[1] Después de la gran depresión económica de 1929, el Papa Pío XI explicó lo importante que era para una verdadera reconstrucción el *principio de subsidiariedad*.[2] Tal principio tiene un doble dinamismo: de arriba hacia abajo y de abajo hacia arriba. Quizá no entendamos qué significa esto, pero es un principio social que nos hace más unidos.

Por un lado, y sobre todo en tiempos de cambio, cuando los individuos, las familias, las pequeñas asociaciones o las comunidades locales no son capaces de alcanzar los objetivos primarios, entonces es justo que intervengan los niveles más altos del cuerpo social, como el Estado, para proveer los recursos necesarios e ir adelante. Por ejemplo, debido al confinamiento por el coronavirus, muchas personas, familias y actividades económicas se han encontrado y todavía se encuentran

---

[1] Cfr. *CDSC*, 186.
[2] Cfr. Enc. *Quadragesimo anno*, 79-80.

en grave dificultad, por eso las instituciones públicas tratan de ayudar con apropiadas intervenciones sociales, económicas, sanitarias: esta es su función, lo que deben hacer.

Pero por otro lado, los vértices de la sociedad deben respetar y promover los niveles intermedios o menores. De hecho, la contribución de los individuos, de las familias, de las asociaciones, de las empresas, de todos los cuerpos intermedios y también de las Iglesias es decisiva. Estos, con los propios recursos culturales, religiosos, económicos o de participación cívica, revitalizan y refuerzan el cuerpo social.[3] Es decir, hay una colaboración de arriba hacia abajo, del Estado central al pueblo y de abajo hacia arriba: de las asociaciones populares hacia arriba. Y esto es precisamente el ejercicio del principio de subsidiariedad.

Cada uno debe tener la posibilidad de asumir la propia responsabilidad en los procesos de sanación de la sociedad de la que forma parte. Cuando se activa algún proyecto que se refiere directa o indirectamente a determinados grupos sociales, estos no pueden ser dejados fuera de la participación. Por ejemplo: "¿Qué haces tú? —Yo voy a trabajar

---

[3] Cfr. *CDSC*, 185.

por los pobres. —Qué bonito, y ¿qué haces? —Yo enseño a los pobres, yo digo a los pobres lo que deben hacer". —No, esto no funciona, el primer paso es dejar que los pobres te digan cómo viven, qué necesitan: ¡Hay que dejar hablar a todos! Es así que funciona el principio de subsidiariedad. No podemos dejar fuera de la participación a esta gente; su sabiduría, la sabiduría de los grupos más humildes no puede dejarse de lado.[4] Lamentablemente, esta injusticia se verifica a menudo allí donde se concentran grandes intereses económicos o geopolíticos, como por ejemplo ciertas actividades extractivas en algunas zonas del planeta.[5] Las voces de los pueblos indígenas, sus culturas y visiones del mundo no se toman en consideración. Hoy, esta falta de respeto del *principio de subsidiariedad* se ha difundido como un virus. Pensemos en las grandes medidas de ayudas financieras realizadas por los Estados. Se escucha más a las grandes compañías financieras que a la gente o aquellos que mueven la economía real. Se escucha más a las compañías multinacionales que a los movimientos sociales. Queriendo decir esto con

---

[4] Cfr. Exhort. ap. postsin. *Querida Amazonia* [QA], 32; *LS*, 63.

[5] Cfr. *QA*, 9.14.

el lenguaje de la gente común: se escucha más a los poderosos que a los débiles y este no es el camino, no es el camino humano, no es el camino que nos ha enseñado Jesús, no es realizar el principio de subsidiariedad. Así no permitimos a las personas que sean « protagonistas del propio rescate ».[6] En el subconsciente colectivo de algunos políticos o de algunos sindicalistas está este lema: todo por el pueblo, nada con el pueblo. De arriba hacia abajo pero sin escuchar la sabiduría del pueblo, sin implementar esta sabiduría en el resolver los problemas, en este caso para salir de la crisis. O pensemos también en la forma de curar el virus: se escucha más a las grandes compañías farmacéuticas que a los trabajadores sanitarios, comprometidos en primera línea en los hospitales o en los campos de refugiados. Este no es un buen camino. Todos tienen que ser escuchados, los que están arriba y los que están abajo, todos.

Para salir mejores de una crisis, el *principio de subsidiariedad* debe ser implementado, respetando la autonomía y la capacidad de iniciativa de todos, especialmente de los últimos. Todas las partes de un cuerpo son nece-

____

[6] *Mensaje para la 106 Jornada Mundial del Migrante y del Refugiado 2020* (13 de mayo de 2020).

sarias y, como dice San Pablo, esas partes que podrían parecer más débiles y menos importantes, en realidad son las más necesarias (cfr. *1 Cor* 12, 22). A la luz de esta imagen, podemos decir que el principio de subsidiariedad permite a cada uno asumir el propio rol para el cuidado y el destino de la sociedad. Aplicarlo, aplicar el principio de subsidiariedad da esperanza, da esperanza en un futuro más sano y justo; y este futuro lo construimos juntos, aspirando a las cosas más grandes, ampliando nuestros horizontes.[7] O juntos o no funciona. O trabajamos juntos para salir de la crisis, a todos los niveles de la sociedad, o no saldremos nunca. Salir de la crisis no significa dar una pincelada de barniz a las situaciones actuales para que parezcan un poco más justas. Salir de la crisis significa cambiar, y el verdadero cambio lo hacen todos, todas las personas que forman el pueblo. Todos los profesionales, todos. Y todos juntos, todos en comunidad. Si no lo hacen todos el resultado será negativo.

---

[7] Cfr. *Discurso a los jóvenes del Centro Cultural Padre Félix Varela*, La Habana – Cuba, 20 de septiembre de 2015.

En una *catequesis* precedente[8] hemos visto cómo la solidaridad es el camino para salir de la crisis: nos une y nos permite encontrar propuestas sólidas para un mundo más sano. Pero este camino de solidaridad necesita la *subsidiariedad*. Alguno podrá decirme: "¡Pero padre hoy está hablando con palabras difíciles! Pero por esto trato de explicar qué significa. Solidarios, porque vamos en el camino de la subsidiariedad. De hecho, no hay verdadera solidaridad sin participación social, sin la contribución de los cuerpos intermedios: de las familias, de las asociaciones, de las cooperativas, de las pequeñas empresas, de las expresiones de la sociedad civil. Todos deben contribuir, todos. Tal participación ayuda a prevenir y corregir ciertos aspectos negativos de la globalización y de la acción de los Estados, como sucede también en el cuidado de la gente afectada por la pandemia. Estas contribuciones "desde abajo" deben ser incentivadas. Pero qué bonito es ver el trabajo de los voluntarios en la crisis. Los voluntarios que vienen de todas las partes sociales, voluntarios que vienen de las familias acomodadas y que vienen de las familias más pobres. Pero

---

[8] Papa Francisco, *Audiencia General*, Patio de San Dámaso, Miércoles, 2 de septiembre de 2020.

todos, todos juntos para salir. Esta es solidaridad y esto es el principio de subsidiariedad.

Durante el confinamiento nació de forma espontánea el gesto del aplauso para los médicos y los enfermeros y las enfermeras como signo de aliento y de esperanza. Muchos han arriesgado la vida y muchos han dado la vida. Extendemos este aplauso a cada miembro del cuerpo social, a todos, a cada uno, por su valiosa contribución, por pequeña que sea. "¿Pero qué podrá hacer ese de allí? —Escúchale, dale espacio para trabajar, consúltale". Aplaudimos a los "descartados", los que esta cultura califica de "descartados", esta cultura del descarte, es decir aplaudimos a los ancianos, a los niños, las personas con discapacidad, aplaudimos a los trabajadores, todos aquellos que se ponen al servicio. Todos colaboran para salir de la crisis. ¡Pero no nos detengamos solo en el aplauso! La esperanza es audaz, así que animémonos a soñar en grande. Hermanos y hermanas, ¡aprendamos a soñar en grande! No tengamos miedo de soñar en grande, buscando los ideales de justicia y de amor social que nacen de la esperanza. No intentemos reconstruir el pasado, el pasado es pasado, nos esperan cosas nuevas. El Señor ha prometido: "Yo haré nuevas todas las cosas". Animémonos a soñar en grande buscando estos ideales, no tratemos de reconstruir el pasado, especialmente el que era injusto y ya estaba enfermo. Construyamos un futuro donde la dimensión local y la global se enriquecen mutuamente —cada uno puede dar su parte, cada uno debe dar su parte, su cultura, su filosofía, su forma de pensar—, donde la belleza y la riqueza de los grupos menores, también de los grupos descartados, pueda florecer porque también allí hay belleza, y donde quien tiene más se comprometa a servir y dar más a quien tiene menos.

Audiencia general, 23 de septiembre de 2020, Patio de San Dámaso

REFLEXIONES PARA LA CATEQUESIS

1. ¿Qué palabra o frase te ha llamado más la atención al leer este texto?

2. ¿Conoces el principio de "subsidiariedad"? El Papa explica el ejercicio de este principio como "de arriba hacia abajo, del Estado central al pueblo y de abajo hacia arriba: de las asociaciones populares hacia arriba". ¿Recuerdas un caso en el que el Estado ayudó a una comunidad en estado de emergencia en su país? ¿Puedes citar un

par de instituciones nacidas de la iniciativa privada que ayudan a las personas o contribuyen al bien común donde no llega el Estado?

3. ¿Qué ha ofrecido tu gobierno para ayudar a las personas en graves dificultades durante el lockdown? ¿Ha sido suficiente? ¿Demasiado? ¿Esperabas más ayuda? Y si es así, ¿qué se podría haber hecho?

4. ¿Quiénes son los grupos marginados, excluidos o ignorados en tu sociedad? ¿Quién está excluido de la toma de decisiones de alto nivel? ¿Son las comunidades étnicas minoritarias? ¿Las mujeres? ¿Los inmigrantes y los refugiados? ¿Trabajadores con salarios bajos y desempleados? ¿Cómo podemos asegurarnos de que la voz de todos sea escuchada cuando tomamos grandes decisiones?

5. ¿Qué han hecho tú, tu familia y tu comunidad para ayudar a los demás durante la pandemia? ¿Cuáles de tus actividades crees que fueron más útiles? ¿Qué crees que impide que más personas se involucren en el apoyo de la comunidad local?

6. El Papa Francisco sugiere que las grandes empresas son escuchadas mucho más que los trabajadores ordinarios y los movimientos sociales. ¿Hay ejemplos de esta

situación en tu país? ¿Se te ocurre algún ejemplo en el que quienes están en la "primera línea" de los hospitales, los centros de asistencia y los campos de refugiados hayan podido hacer oír su voz? ¿Cómo lo hicieron? ¿Qué podríamos aprender de ellos?

7. ¿De qué manera el mundo ya era injusto antes del COVID? ¿Qué te gustaría traer del mundo antes y qué te gustaría cambiar?

Preparar el futuro junto con Jesús que salva y sana

Queridos hermanos y hermanas, ¡buenos días!

En las semanas pasadas, hemos reflexionado juntos, a la luz del Evangelio, sobre cómo sanar al mundo que sufre por un malestar que la pandemia ha evidenciado y acentuado. El malestar estaba: la pandemia lo ha evidenciado más, lo ha acentuado. Hemos recorrido los caminos de la dignidad, de la solidaridad y de la subsidiariedad, caminos indispensables para promover la dignidad humana y el bien común. Y como discípulos de Jesús, nos hemos propuesto seguir sus pasos optando por los pobres, repensando el uso de los bienes y cuidando la casa común. En medio de la pandemia que nos aflige, nos hemos anclado en los principios de la Doctrina Social de la Iglesia, dejándonos guiar por la fe, la esperanza y la caridad. Aquí hemos encontrado una ayuda sólida para ser trabajadores de transformaciones que sueñan en grande, no se detienen en las mezquindades que dividen y hieren, sino que animan a generar un mundo nuevo y mejor.

Quisiera que este camino no termine con estas *catequesis* mías, sino que se pueda continuar caminando juntos, teniendo «fijos los ojos en Jesús» (*Hb* 12, 2), como hemos escuchado al principio; la mirada en Jesús que salva y sana al mundo. Como nos muestra el Evangelio, Jesús ha sanado a enfermos de todo tipo (cfr. *Mt* 9, 35), ha dado la vista a los ciegos, la palabra a los mudos, el oído a los sordos. Y cuando sanaba las enfermedades y las dolencias físicas, sanaba también el espíritu perdonando los pecados, porque Jesús siempre perdona, así como los "dolores sociales" incluyendo a los marginados.[1] Jesús, que renueva y reconcilia a cada criatura (cfr. 2 *Cor* 5, 17; *Col* 1, 19-20), nos regala los dones necesarios para amar y sanar como Él sabía hacerlo (cfr. *Lc* 10, 1-9; *Jn* 15, 9-17), para cuidar de todos sin distinción de raza, lengua o nación.

Para que esto suceda realmente, necesitamos contemplar y apreciar la belleza de cada ser humano y de cada criatura. Hemos sido concebidos en el corazón de Dios (cfr. *Ef* 1, 3-5). «Cada uno de nosotros es el fruto de un pensamiento de Dios. Cada uno de nosotros es querido, cada uno de nosotros es ama-

---

[1] Cfr. *CCC*, 1421.

do, cada uno es necesario».[2] Además, cada criatura tiene algo que decirnos de Dios creador.[3] Reconocer tal verdad y dar las gracias por los vínculos íntimos de nuestra comunión universal con todas las personas y con todas las criaturas, activa «un cuidado generoso y lleno de ternura».[4] Y nos ayuda también a reconocer a Cristo presente en nuestros hermanos y hermanas pobres y sufrientes, a encontrarles y escuchar su clamor y el clamor de la tierra que se hace eco.[5]

Interiormente movilizados por estos gritos que nos reclaman otra ruta,[6] reclaman cambiar, podremos contribuir a la nueva sanación de las relaciones con nuestros dones y nuestras capacidades.[7] Podremos regenerar la sociedad y no volver a la llamada "normalidad", que es una normalidad enferma, en realidad enferma antes de la pandemia: ¡la pandemia lo ha evidenciado! "Ahora volvemos a la normalidad": no, esto no va porque esta normalidad estaba enferma de injusticias, desigualdades y degra-

---

[2] BENEDICTO XVI, *Homilía por el inicio del ministerio petrino* (24 de abril de 2005); cfr. Enc. *LS*, 65.
[3] *LS*, 69. 239.
[4] *Ibíd.*, 220.
[5] Cfr. *ibíd.*, 49.
[6] Cfr. *ibíd.*, 53.
[7] Cfr. *ibíd.*, 19.

do ambiental. La normalidad a la cual estamos llamados es la del Reino de Dios, donde «los ciegos ven y los cojos andan, los leprosos quedan limpios y los sordos oyen, los muertos resucitan y se anuncian a los pobres la Buena Nueva» (*Mt* 11, 5). Y nadie se hace pasar por tonto mirando a otro lado. Esto es lo que debemos hacer, para cambiar. En la normalidad del Reino de Dios el pan llega a todos y sobra, la organización social se basa en el contribuir, compartir y distribuir, no en el poseer, excluir y acumular (cfr. *Mt* 14, 13-21). El gesto que hace ir adelante a una sociedad, una familia, un barrio, una ciudad, todos, es el de darse, dar, que no es dar una limosna, sino que es un darse que viene del corazón. Un gesto que aleja el egoísmo y el ansia de poseer. Pero la forma cristiana de hacer esto no es una forma mecánica: es una forma humana. Nosotros no podremos salir nunca de la crisis que se ha evidenciado por la pandemia, mecánicamente, con nuevos instrumentos —que son importantísimos, nos hacen ir adelante y de los cuales no hay que tener miedo—, sino sabiendo que los medios más sofisticados podrán hacer muchas cosas pero una cosa no la podrán hacer: la ternura. Y la ternura es la señal propia de la presencia de Jesús. Ese acercarse al prójimo para caminar, para sanar, para ayudar, para sacrificarse por el otro.

Así es importante esa normalidad del Reino de Dios: que el pan llegue a todos, que la organización social se base en el contribuir, compartir y distribuir, con ternura, no en el poseer, excluir y acumular. ¡Porque al final de la vida no llevaremos nada a la otra vida!

Un pequeño virus sigue causando heridas profundas y desenmascara nuestras vulnerabilidades físicas, sociales y espirituales. Ha expuesto la gran desigualdad que reina en el mundo: desigualdad de oportunidades, de bienes, de acceso a la sanidad, a la tecnología, a la educación: millones de niños no pueden ir al colegio, y así sucesivamente la lista. Estas injusticias no son naturales ni inevitables. Son obras del hombre, provienen de un modelo de crecimiento desprendido de los valores más profundos. El derroche de la comida que sobra: con ese derroche se puede dar de comer a todos. Y esto ha hecho perder la esperanza en muchos y ha aumentado la incertidumbre y la angustia. Por esto, para salir de la pandemia, tenemos que encontrar la cura no solamente para el coronavirus —¡que es importante!—, sino también para los grandes virus humanos y socioeconómicos. No hay que esconderlos, haciendo una capa de pintura para que no se vean. Y ciertamente no podemos esperar que el modelo económico que está en la base de un desarrollo injusto e insostenible resuelva nuestros problemas. No lo ha hecho y no lo hará, porque no puede hacerlo, incluso si ciertos falsos profetas siguen prometiendo "el efecto cascada" que no llega nunca.[8] Habéis escuchado vosotros, el teorema del vaso: lo importante es que el vaso se llene y así después cae sobre los pobres y sobre los otros, y reciben riquezas. Pero esto es un fenómeno: el vaso empieza a llenarse y cuando está casi lleno crece, crece y crece y no sucede nunca la cascada. Es necesario estar atentos.

Tenemos que ponernos a trabajar con urgencia para generar buenas políticas, diseñar sistemas de organización social en la que se premie la participación, el cuidado y la generosidad, en vez de la indiferencia, la explotación y los intereses particulares. Tenemos que ir adelante con la ternura. Una sociedad solidaria y justa es una sociedad más sana. Una sociedad participativa —donde a los "últimos" se les tiene en consideración igual que a los "primeros"— refuerza la comunión. Una sociedad

---

[8] *"Trickle-down effect"* en inglés, *"derrame"* en español (cfr. *EG*, 54).

donde se respeta la diversidad es mucho más resistente a cualquier tipo de virus.

Ponemos este camino de sanación bajo la protección de la Virgen María, Virgen de la Salud. Ella, que llevó en el vientre a Jesús, nos ayude a ser confiados. Animados por el Espíritu Santo, podremos trabajar juntos por el Reino de Dios que Cristo ha inaugurado en este mundo, viniendo entre nosotros. Es un Reino de luz en medio de la oscuridad, de justicia en medio de tantos ultrajes, de alegría en medio de tantos dolores, de sanación y de salvación en medio de las enfermedades y la muerte, de ternura en medio del odio. Dios nos conceda "viralizar" el amor y globalizar la esperanza a la luz de la fe.

Audiencia general, 30 de septiembre de 2020, Patio de San Dámaso

REFLEXIONES PARA LA CATEQUESIS

1. ¿Qué palabra o frase te ha llamado más la atención al leer este texto?

2. ¿Qué texto de la Escritura enciende más tu pasión por sanar el mundo? ¿Qué parábola u otra historia del evangelio realmente te enciende el corazón?

3. ¿Qué significaría en tu propia vida "optar por los pobres, repensar el uso de los bienes y cuidar la creación"? ¿Cuáles serán tus primeros pasos prácticos cuando te propongas una vez más seguir los pasos de Jesús?

4. ¿Cómo te sientes cuando lees que eres "querido, amado y necesario"? ¿Qué podrías hacer para asegurarte de que todos sepan que son queridos, amados y necesarios?

5. Se habla mucho de una 'nueva normalidad'. ¿Has visto algún signo de que esta nueva normalidad podría ser más justa, más igualitaria y más sostenible?

6. El Papa Francisco está sugiriendo que los antiguos modelos y sistemas económicos no han proporcionado lo que los más pobres y vulnerables necesitan, ni han protegido la hermosa creación de Dios. ¿Puedes imaginar un nuevo tipo de sistema económico? ¿Qué podría brindarte, a las personas de tu comunidad y a nuestro maravilloso y precioso mundo?

7. Al final de esta *catequesis* pedimos la protección de la Virgen María. ¿Cuál es tu oración para el mundo de hoy?

Índice